CATÉCHISME

DU

XIX.ᵉ SIÈCLE.

Les prêtres ne sont pas ce qu'un vain peuple pense ;
Notre crédulité fait toute leur science.

VOLTAIRE.

BORDEAUX,

CHEZ GAYET AINÉ, LIBRAIRE,

FOSSÉS DU CHAPEAU-ROUGE, Nᵒ. 5.

1834.

CATÉCHISME

DU XIXe. SIÈCLE.

DEMANDE. Qu'appelez-vous *prêtres?*

RÉPONSE. Une classe d'hommes qui s'approprient le droit d'exercer des cérémonies religieuses. Ils sont logés et entretenus aux frais du peuple, qui les gratifie en sus de sommes considérables. Il y a en France trente-neuf mille prêtres et quarante-un mille aspirants à la prêtrise. On porte à un milliard la valeur des églises, des palais épiscopaux et des presbytères, avec leurs accessoires. Le Gouvernement leur alloue annuellement la somme de trente-trois millions cent soixante-deux mille francs. Ce que leur fournissent les catholiques pour supplément aux sommes *insuffisantes* du Gouvernement au sujet du *binage* et du traitement des vicaires, pour les messes, les mariages, les enterrements et les services funèbres, pour les chaises, les quêtes, les dispenses, les offrandes, pour les legs pies, etc., est évalué à cent cinquante millions de francs par année. Ces deux sommes réunies présentent au total cent quatre vingt-trois millions. Par siècle, les prêtres reçoivent de la France la somme de dix-huit milliards trois cent millions.

D. Les cérémonies religieuses, en paiement desquelles les prêtres touchent des sommes si extraordinaires, sont donc d'une grande importance?

4

R. Le prêtre a eu l'adresse de faire croire long-temps à leur mérite. Mais aujourd'hui les personnes éclairées savent si bien à quoi tendent ces cérémonies, qu'elles ne vont plus à l'église.

D. D'où vient que les personnes éclairées ont changé de sentiment à l'égard de ces cérémonies?

R. Tant que les prêtres ont été seuls chargés de l'éducation nationale, ils inspiraient profondément à leurs élèves de l'amour et du respect pour ces cérémonies. Les enfants, pauvres et riches, vieillissaient sans pouvoir acquérir d'autres connaissances, et même sans porter leur affection ailleurs, *ignoti nulla cupido*. Mais l'instruction populaire s'écoulant des mains des prêtres, quoiqu'insensiblement, il a été permis d'étudier le pour et le contre de la religion telle que les prêtres la dépeignent. On n'a pas tardé à s'apercevoir que les prêtres ne font entrer Dieu pour rien dans leur religion, et qu'ils sont exclusivement dominés par l'*intérêt*.

D. A quoi reconnaît-on que les prêtres ne font entrer Dieu pour rien dans leur religion?

R. Leur égoïsme, leur haine implacable et leur dissolution domestique, démontrent combien ils foulent aux pieds le modèle de ce Dieu-Homme qu'ils disent avoir été si chaste et être mort pour l'amour de nous en priant son père de pardonner à ses bourreaux.

D. Si les prêtres ont si peu de religion, pourquoi menacent-ils les incrédules des flammes de l'enfer?

R. Un marchand vante ses marchandises, cherchant à vous persuader que vous serez trompé si vous les rejetez pour aller dans un autre magasin. Il en est de même des prêtres. Leur foi en leur religion n'est pas plus grande que celle de ces *impies* contre lesquels ils déclament si vivement. Mais cette religion à eux est tout leur avoir. C'est à l'ombre de cette religion qu'ils coulent une vie molle, inutile, et nuisible aux progrès d'une nation. Il ne faut pas s'étonner si les prêtres défendent avec aigreur ces autels sans lesquels la plupart croupiraient dans la misère.

D. Si les prêtres soutiennent la religion, uniquement parce qu'elle leur offre une existence, ils n'appartiennent pas à des parents fortunés?

R. Sur quatre-vingt mille prêtres et aspirants à la prêtrise, on a calculé que deux mille eussent vécu de leurs rentes; que cinq mille auraient eu du pain dans leurs foyers, avec une légère occupation; que cinquante mille, s'ils n'avaient pris la soutane, devraient *battre la semelle,* comme leurs aïeux, ou se livrer à d'autres états aussi fatigants, et que, sans l'habit ecclésiastique, vingt-trois mille seraient des journaliers exposés dès l'aurore à l'intempérie des saisons, et heureux de rapporter le soir dans la chaumière leurs huit ou quinze sous.

D. Pourquoi n'y a-t-il aujourd'hui que la classe pauvre qui entre dans la prêtrise?

R. Parce que ceux qui ont de la fortune ne veulent pas forcer leurs enfants à passer la vie dans l'hypocrisie.

D. La classe pauvre, en envoyant ses enfants au séminaire, agit-elle par esprit de religion ou par simple spéculation?

R. Dans la classe pauvre, il est quelques personnes que le hasard a favorisées, et qui possèdent des connaissances libérales. Celles-là, en sacrifiant leurs enfants au séminaire, sont conduites par la vanité de voir un jour

leurs compatriotes mettre chapeau bas devant M. le curé,
et par l'espoir des avantages pécuniaires qu'ils pourront
retirer de l'élévation de leurs enfants. Ces personnes-là
ne sont pas excusables d'environner d'estime, par leur
extérieur, un objet qu'elles détestent intérieurement.
Quant à l'ensemble de la classe pauvre, où l'instruction
n'a pu se frayer un chemin, si elle péche en envoyant
ses enfants au séminaire, elle ne péche que de *la lar-
geur de sa langue.* Cette classe paraît condamnée à gé-
mir encore long-temps sous l'esclavage des prêtres. Un
grand nombre de ceux qui la composent mourraient
joyeusement pour défendre les autels comme ont fait les
martyrs dans les siècles d'ignorance. C'est cette classe
que nous voyons seule, isolée, et bâillant dans les églises.

D. D'où vient que l'instruction libérale, qui a obtenu
tant de succès en France, n'a pas encore pénétré dans
la classe pauvre ? Est-ce que les pauvres ne méritent pas
comme les riches de participer aux bienfaits des lumières
du siècle ?

R. Les prêtres ne sont pas des gens à abandonner leur
proie facilement. Pleins de rage de ce qu'on leur a en-
levé l'éducation d'une partie des enfants de la France,
ils ne laisseront pas échapper de leurs griffes ces jeunes
malheureux qu'on n'a pu encore délivrer. Ils se parent
de raisons si douces, si humaines, soit auprès du Gouvernement, soit auprès des autorités locales, qu'ils ob-
tiennent ce qu'ils veulent. Ils confient l'instruction de la
classe pauvre à quinze mille mandataires qu'ils désignent
sous le nom de *frères ignorantins* et de *sœurs de charité,*
mandataires entretenus aux frais du Gouvernement et des
autorités locales. Agens chéris des prêtres, ces frères

ignorantins et ces sœurs de charité s'acquittent avec zèle de leurs lamentables devoirs. Ils travaillent *unguibus et rostris* à étouffer dans les tendres cœurs qu'ils dirigent tout ce qui peut faire ombrage à l'église. Tant que les prêtres trouveront le Gouvernement et les autorités locales disposées à leur accorder six millions six cent mille francs pour l'entretien de ces frères ignorantins et de ces sœurs de charité, quelle amélioration peut-on attendre pour cette classe infortunée qui envoie un nombre infini d'enfants à *l'école de l'esclavage !*

D. Si le Gouvernement et les autorités locales refusaient aux prêtres les sommes énormes que ces derniers exploitent si avantageusement en tournant à leur bénéfice l'instruction des enfants pauvres, quel moyen indiqueriez-vous pour atteindre avec ces mêmes sommes un résultat conforme aux besoins du siècle ?

R. Les écoles mutuelles *libres, dont les directeurs ou les directrices seraient dégagés de toute influence sacerdotale,* réparties dans toute la France en proportion avec la population des localités, hâteraient rapidement l'instruction des enfants pauvres qu'on admettrait *gratis* comme chez les frères ignorantins et les sœurs de charité. Ces enfants réuniraient *dans un bref délai* des notions supérieures à celles qu'ils acquièrent après de longues et douloureuses années dans *l'école de l'esclavage,* où *les prières interminables, la messe, le chant, le catéchisme et le chapelet,* remplissent les heures qui devraient être consacrées à l'instruction. Cet échange de *l'école de l'esclavage* contre les écoles mutuelles *libres* offrirait de plus une économie au Gouvernement et aux autorités locales.

D. Si cet échange avait lieu, les prêtres seraient-ils entièrement exclus du soin de l'éducation en France ?

R. Il leur resterait encore ces instituteurs et ces professeurs qui gardent dans leurs écoles la marche de l'*école de l'esclavage*. Ces instituteurs et ces professeurs sont très-nombreux. Il n'existe pas de commune où le prêtre n'ait le sien. En confession, en chaire, ils le présentent à la confiance du public. Quant à l'instituteur que les prêtres n'ont pu séduire, ils le déchirent et le privent d'avoir assez d'élèves pour alimenter sa chétive existence. D'ailleurs, en supposant même que le Gouvernement et les autorités locales pussent purger la France de ces *instituteurs-frères* et de ces professeurs à génuflexions, les prêtres conserveraient encore les couvents et maisons d'éducation pour les filles, établissements que les prêtres considèrent comme la colonne de leur religion. Ils ne se trompent pas. La demoiselle qui a passé sa jeunesse avec *son paroissien, son formulaire de prières, ses confessions quotidiennes, ses adorations du saint-sacrement*, etc., devenue mère au premier jour, transmet à ses enfans ses habitudes d'église, sa dévotion, et brûle de voir quelqu'un d'eux revêtir l'habit ecclésiastique.... .. Que cette fille devenue épouse soit étrangère à tout ce qui peut faire prospérer un ménage, qu'elle regarde son époux comme un objet à charge, cela n'inquiète pas les prêtres. Qu'elle mette toute sa confiance en eux seuls, qu'elle s'ennuie hors de l'église, c'est ce qu'ils veulent. Voilà le résultat qu'offrent les couvents et maisons d'éducation pour les filles, sous la direction de dames de tel ou tel ordre, de tel ou tel nom, dames si bien aveuglées par les prêtres, qu'elles ne respirent que pour la gloire et le *bonheur* de ces messieurs. C'est là qu'est la source du mal. Si le Gouvernement et les autorités locales se donnaient vigoureusement la main pour détruire ces établissements et les remplacer par des écoles mutuelles *libres, dont les directrices seraient dégagées de toute influence sacerdotale,* les prêtres auraient perdu leur bras droit. Dans quelques années, les églises seraient désertes à la ville et à la campagne, les séminaires manqueraient de postulants, et le clergé finirait enfin par s'éteindre en France.

D. S'il n'y avait plus de prêtres en France, où en serions-nous ?....

R. Nous en serions avec cent quatre vingt-trois millions d'économie annuelle....., et cinquante millions de rente provenant du milliard d'immeubles qui leur sont affectés!..

D. Mais la morale ?.....

R. La morale !..... la morale consiste-t-elle à s'agenouiller devant les prêtres et à leur porter de l'argent!... Soyez certain que le dernier de ce qu'ils qualifient de l'épithète *d'impie* a plus de morale que le meilleur des prêtres. Tout homme généralement sait que *nous devons faire à autrui ce que nous voulons qu'il nous soit fait,* et le met en pratique. Le prêtre seul méconnaît cette belle maxime. Toutes les voies lui sont honnêtes, pourvu qu'il parvienne clandestinement à son but, et le but qu'il se propose est de vivre aux dépens de ceux qui l'écoutent.

Le torrent de *l'habitude* fait dire tous les jours que sans les prêtres nous nous égorgerions les uns les autres... que la crainte de l'enfer nous permet seule de circuler dans les rues.... qu'un gouvernement enfin ne peut exister si les prêtres ne sont là pour plier le *peuple* à *l'obéissance*.....

Préjugé honteux!!! Jusques à quand confondra-t-on *Dieu*, *morale* et *prêtre?*

O mon Dieu, vous vivez dans nos cœurs, et nous n'éprouvons d'autre jouissance que de nous perdre dans votre amour! Osera-t-on nous insulter jusqu'à vouloir nous effrayer de vos châtiments pour nous engager à vous rendre une ame dont tous les soupirs sont à vous!

Sages de l'univers, vous qui étonnez les siècles par vos vertus, vos vertus ne vous appartiennent pas : les prêtres vous les ont insinuées en vous effrayant par les flammes de l'enfer!

O vous dont la probité a moins d'éclat; vous qui au sein de vos familles réunissez les trésors de l'humanité; vous qui adorez un père, une mère; vous qui êtes consumé d'un amour fraternel; vous qui donneriez votre sang pour le bonheur de vos enfants; vous qui voyez un ami, un parent dans tout homme, vous seriez impuissant à marcher dans la voie de l'honneur, si le prêtre n'avait effrayé vos sens par la crainte des flammes de l'enfer!

Mortels, qui trempez vos élèves dans les vertus où votre ame se noie, vous qui étendez jusqu'à l'humble hameau les bienfaits d'une morale saine et aimable, vous qui développez à l'homme toute sa dignité, et qui l'humiliez en présence de ce Dieu dont il est la très-rampante créature, vos lumières, vos vertus, vos soins n'ont aucun prix si le prêtre n'effraie vos disciples par les flammes de l'enfer!

Ministres habiles à assurer un trône, vous dont les lois s'étudient à prévenir la moindre atteinte à sa stabilité, vous n'avez nul mérite! Si le trône est debout, remerciez les prêtres..... La crainte seule de l'enfer empêche de le renverser!

Toi qui commandes à la France, toi dont la politique a su triompher de mille obstacles capables de dégoûter un prince, quelque noble fierté qu'il éprouvât à dominer une nation célèbre, tu ne dois rien à toi-même, tu n'es rien par toi-même : le prêtre seul te soutient en effrayant *ton peuple* par les flammes de l'enfer!

D. Je ne puis me résigner à accepter votre opinion sur les prêtres qu'autant que vos explications sur les contacts immédiats que nous avons avec eux, et sur divers articles de leur religion, m'auront prêté des raisons valables. Commençons. A quel âge devons-nous comparaître à l'église?

R. En naissant!.... Est-il loyal d'enrôler dans une religion quelconque, et pour toujours, un enfant qui vient de naître.... Que n'attend-on qu'il puisse choisir lui-même la religion dont son ame éprouvera le plus de besoin..... Mais, craignant que plus tard il ne voulût pas d'eux, les prêtres le saisissent à la sortie du ventre de sa mère, et l'assignent de suite devant leur tribunal. Alors a lieu la cérémonie du *baptême*. Ils gesticulent de mille façons sur la tête du nouvel enfant comme pour y introduire les idées qu'ils espèrent en voir jaillir un jour, et qu'ils s'empresseront de lui suggérer.

D. Quand revenons-nous devant le prêtre?

R. Lorsque nous pouvons à peine balbutier..... Dès-lors ils nous habituent à fléchir le genou devant eux, à les respecter et à les aimer. Ils font en sorte d'avoir la plus ample part dans notre instruction, afin que nous leur soyons fidèles jusqu'à la mort.

D. Que dites-vous de la *première communion?*

R. La première communion est un acte par lequel ils

constatent qu'ils ont fait tout ce qu'ils ont pu pour se rendre maîtres de nous, et que si nous venons à décliner nos sentiments à leur égard, ils n'ont rien à se reprocher. En effet, depuis notre naissance jusqu'à l'âge de douze ou quatorze ans, terme d'usage pour la première communion, ils ont eu le temps de s'emparer de notre cœur ! Que les enfants aillent aux écoles ou nom, ils viennent indistinctement à leurs genoux le mardi, le jeudi, le dimanche, et y passent plusieurs heures. Les jours intermédiaires ne sont pas perdus pour les prêtres. Voulant entraver les études qui les contrarient, ils accablent les enfants de si longues leçons de catéchisme, qu'ils ne peuvent les graver dans leur mémoire, même en négligeant toute autre occupation. C'est ainsi qu'ils profitent de l'inexpérience de nos jeunes ans pour nous enchaîner à leur char.....

D. A quelle époque sommes-nous obligés de revoir le prêtre ?

R. A l'époque du mariage. Ils ont soin de faire précéder le jour des noces de plusieurs confessions et même de communions, pour juger de l'état religieux de notre cœur, et nous rappeler les principes anti-sociaux dont ils ont abreuvé notre enfance.

D. Quand cessons-nous nos relations avec le prêtre ?

R. A la mort..... Il préside à vos dernières volontés, comme il a présidé à votre premier soupir. Au moment de l'agonie, sous prétexte d'*extrême-onction*, il vient soustraire de votre conscience tout ce qui peut piquer sa curiosité, et il ne vous laissera pas partir que vous ne lui ayez consenti des legs. Avec quelle charité il vous représente de quoi vous serviront tous les biens de ce monde si vous venez à perdre votre ame, *quid prodest homini mundum lucrari....* Dans vos angoisses, pour vous débarrasser de cet importun, vous lui promettez ce qu'il sollicite. Le notaire est là, et le prêtre se retire avec le portefeuille garni !....

D. M'expliqueriez-vous ce qu'il en coûte, relativement aux frais d'église, pour naître, faire la première communion, nous marier, et mourir ?

R. *Naissance.* Il faut au prêtre, pour le baptême, de la bougie, un linge, du pain *dans les campagnes,* une offrande, et l'étrenne *commandée* pour le sacristain et les clercs. A peine rétablie de ses couches, la mère doit guider ses pas chancelants vers l'église, pour faire sa *rentrée,* qui produit d'ordinaire une messe, de rigueur une bougie, du pain *dans les campagnes,* une offrande, et l'étrenne *commandée* pour le sacristain et les clercs. Joignez à ces dépenses bon nombre de messes avant et après les couches pour attirer les bénédictions du ciel. Observez que les naissances annuelles en France, eu égard aux catholiques, s'élèvent à un million trente-un mille six cent quatre-vingt-sept.

Première communion. Nous sommes indignes de prendre part à ce festin tant que les parents négligent de contraindre le prêtre à ne pas refuser des cadeaux. Cette démarche faite, l'enfant est admis à la sainte-table, devant laquelle il n'osera cependant se prosterner sans un gros cierge et une belle offrande.

Mariage. Vous payerez une messe très-cher. Vous jeterez une large pièce au plat. Vous accablerez d'étrennes le sacristain, les clercs et le carillonneur. Vous ne sortirez pas de la sacristie sans avoir soldé le droit du curé, présent ou nom, et ce droit, si vous vous mariez la nuit ou *summo mane*, n'est pas au-dessous de trente francs.

Mort. C'est ici la toison d'or pour les prêtres. En fait d'*enterrement* de première classe, pour tant que l'on marchande et que l'on vise à l'économie, ils ne vous porteront pas de chez vous au cimetière à moins de huit cents francs, destinés à payer le droit du curé, sa présence, les vicaires, les prêtres demandés, les diacres et sous-diacres et leur présence en sus, la grand'messe ou office, le porte-croix, les acolytes et thuriféraires, les chantres et serpent, les suisses et bedeaux, le droit du sacristain, le carillonneur, l'absoute, la bougie, le drap mortuaire, la grande tenture sur le retable de l'autel et les murs du sanctuaire, vous réservant, au surplus, de traiter de gré à gré avec la fabrique si vous désirez une tenture ou représentation extraordinaire.... *risum teneatis, amici !...*

Arrivent les *services solennels.* Les droits de chacun de ces services sont les mêmes que ceux des *funérailles.* Amoncelez les sommes que les prêtres retirent *pour le repos de votre ame* en vous disant des *messes de mort* par *huitaines, trentaines, quarantaines, soixantaines, centaines*, etc., le tout accompagné d'offrandes généreuses! Le bout de l'an est là. Autre trésor pour le prêtre !.... Notez qu'il meurt annuellement en France neuf cent vingt-deux mille deux cent soixante-six catholiques.

En résumé, si vous établissez un terme moyen dans les revenus de l'église provenant tant de la classe riche que de la classe pauvre, il n'est pas de catholique qui ne paie au prêtre cinq francs par an. C'est à ce faible chiffre annuel que sont restreintes les dépenses auxquelles nous devons suffire graduellement le long de la vie, et que provoquent en masse *les messes antérieures et postérieures à notre naissance, les frais du baptéme, la bougie et les cadeaux pour hâter la première communion, le paiement des chaises les dimanches et les fêtes, les offrandes, l'argent versé aux quêtes, les dispenses, les adorations, les messes de circonstance et de corps d'état, le mariage, l'enterrement, les services funèbres, les legs pies,* etc. La France comptant trente millions de catholiques, les prêtres prélèvent sur nous annuellement la somme de cent cinquante millions, et si nous ajoutons la somme de trente-trois millions cent soixante-deux mille francs qui leur est allouée par le Gouvernement, ces prêtres, qui se disent si dénués depuis qu'on les a sevrés de la dîme, arrachent par an à la nation française un impôt de cent quatre-vingt-trois millions, non compris cinquante millions de rente annuelle sur le milliard d'immeubles à leur disposision.

D. Quels pouvoirs ont-ils pour fasciner une nation jusqu'à vouloir s'imposer, en leur faveur, de tels sacrifices?

R. La confession !!!.... C'est elle qui a consumé notre enfance pour nous enseigner à les respecter et à les aimer, sous peine des flammes de l'enfer; c'est elle qui nous fait avouer, dans un âge d'imprudences, des faits dont la révélation peut devenir si préjudiciable; c'est elle qui traite en despote les affaires de famille; c'est elle qui amène et qui détourne les mariages; c'est elle qui fait abhorrer les ennemis de l'église, quelle que soit leur probité; c'est elle qui conduit la *politique* de ses affiliés; c'est elle enfin qui dicte les testaments au chevet du moribond.

D. Vous m'avez parlé du baptême, de la confession, du mariage et de l'extrême-onction : m'instruirez-vous sur la communion, la confirmation et l'ordre ? Que doit-on penser de la *communion ?*

R. La communion sert aux prêtres pour porter à l'estime du public qui il leur plait, et *vice versâ.* Ils y appellent fréquemment ces Lucrèces de confessionnal, qui se poignarderaient plutôt que de leur être *infidèles....* Les mouchards d'église, ces jésuites en frac ou en veste, s'avancent souvent pour présenter aussi leur large bouche à cette manne promise au *juste....*

D. Qu'est-ce que la *confirmation ?*

R. Il est inutile de vous arrêter sur la confirmation, dont les prêtres eux-mêmes ne font plus cas aujourd'hui, tant ils reconnaissent le besoin de leurs *sacrements.*

D. Qu'aurai-je à retenir de l'*ordre ?*

R. Ce sacrement n'est pas à tort intitulé *ordre,* car le clergé est réellement soumis à un *ordre* supérieur, qui émane du pape, le premier des prêtres. Au moindre signal, ils doivent obéir aveuglément, et cette instabilité ne laisse pas que de leur être pénible. Mais de crainte que dégoûtés d'une obéissance si passive, quelques-uns d'entr'eux ne voulussent jeter le froc et rentrer dans leurs foyers, le prêtre-chef, pour les forcer à défendre les autels comme des sentinelles perdues, a déclaré que celui qui aurait une fois accepté la prêtrise, ne serait plus admis à la déposer. Aussi les prêtres n'ayant pas un mieux à espérer, traînent leur chaîne de mauvaise grâce, et cherchent à se venger du fer qu'ils rongent........ *Una salus victis nullam sperare salutem.*

D. Maintenant que j'ai vu les sacrements, vous plaira-t-il de me parler des *péchés capitaux?* Qu'entendre par *orgueil?*

R. L'orgueil est l'apanage du prêtre. Sortant du séminaire avec des lambeaux de latin, et se trouvant subitement souverain dans son presbytère, ainsi que dans son église, immeubles dont la société lui abandonne la pleine jouissance, ayant tous les jours une table succulente, si peu en harmonie avec l'ognon cru et le pain d'orge qu'il n'avait pas en tout temps à discrétion chez son père, ne sachant que faire de son casuel, le trimestre lui remettant de grosses sommes qui lui font ouvrir de grands yeux, affranchi de tout impôt et de toute charge envers le gouvernement, pouvant même emprunter sans redouter les saisies, attendu que les lois de France étendent leur sympathie, pour ces messieurs, jusqu'à maintenir insaisissables et leur traitement et leur mobilier, le prêtre ne revient pas de sa surprise et prend une haute opinion de sa maigre personne.....

Cependant les prêtres prétendent que nous avons de l'orgueil, quand nous éprouvons de la répugnance à nous plier à toutes leurs velléités! Mais si l'orgueil consistait à avoir trop bonne idée de soi et à se croire supérieur au reste des hommes, qui aurait à se reprocher plus que les prêtres! Ils nous regardent comme un troupeau immonde dont ils se nomment les *pasteurs.....* Ils pensent représenter la divinité sur la terre..... Les églises sont des monuments élevés en leur honneur, et il ne nous est permis d'y entrer qu'avec la modestie d'un criminel devant ses juges..... Ils poussent le délire de l'orgueil jusqu'à se faire *encenser.....* Prêtre vain, reconnais combien tu es un être futile, et tu découvriras moins d'orgueil en nous : *medice, cura te ipsum !!!*

D. Passons à l'*avarice?*

R. Qui a plus soif de l'or qu'un prêtre? qui use de plus d'artifice pour sucer la bourse des gens crédules? qui veille à son coffre avec plus de soin? Voyez cette harpie de servante, sous ses ordres, avec quels yeux hagards, avec quelle effronterie elle repousse le pauvre qui lui tend la main !

Le prêtre toutefois vous accusera d'avarice si vous refusez de vous faire dire des messes, de verser à toutes les quêtes, à toutes les offrandes, et de lui consentir des legs pies. Oh! si ces messieurs trouvent *leur compte* chez celui qui, nuit et jour, en face de son or, se dérobe à lui-même les aliments indispensables à son existence, et mourrait plutôt que de secourir un malheureux, celui-là, ils ne le traiteront pas d'*avare.* Ils le qualifieront du doux nom de *bienfaiteur de la paroisse.* Il y aura pour lui une place distinguée dans l'église, qui pourra même au besoin recevoir ses cendres *précieuses....*

D. Fixez-moi sur la *luxure?*

R. Peut-il ne pas être luxurieux ce prêtre qui a tout son temps à lui, qui est sûr de toucher de bons revenus quels que soient les événements, qui ne suspend d'agréables promenades que pour remplir son ventre de mets exquis, et qui ne sort de table après d'abondantes libations que pour courir dans des salons de plaisir ou auprès de celle que son cœur chérit !.....

D'ailleurs c'est le péché favori, le péché où ils s'épanouissent le plus en confession. La luxure !... A ce mot leurs sens s'agitent, leurs membres chancellent... Jeune fille, épouse fraîche, à combien de questions n'allez-vous pas avoir à répondre..... Heureuses, mille fois heureuses, s'ils ne vous communiquent pas leurs feux, au lieu de chercher à ralentir le brasier de vos passions....... Quel océan de bonheur pour ces messieurs de pénétrer dans les secrets intimes de ces cœurs nés pour le délice de l'homme !......

D. Que penser de l'*envie?*

R. Si jamais il fut des envieux, ce sont bien les prêtres. Ils sont même si petits et si emportés dans leur envie, que souvent le moindre avancement de leurs collègues les conduit à deux doigts de la mort. Que les ornements, que les vases de l'église voisine soient d'un autre prix, qu'ils aient été éclipsés dans une procession par la paroisse rivale, il faudra des années pour en perdre le souvenir amer.

Quelle n'est pas leur bile, s'il s'introduit dans la commune quelque culte nouveau, ou s'il advient que des élèves de la philosophie moderne s'avisent de s'émerveiller sur leur éducation séminairienne. La chaire n'est pas assez vaste pour leurs déclamations, et les membres des confréries ne sauront assez déchirer et huer ceux que leur désigne la susceptibilité cléricale.

D. Nous voilà à la *gourmandise?*

R. La gastronomie !.... Le prêtre en donnera des leçons aux plus habiles. Cela n'est pas surprenant; n'ayant rien à faire, tous les jours ce sont de nouveaux exploits... Tantôt ils s'assemblent par douzaines pour se régaler en maîtres..... tantôt ils font assaut avec le *seigneur* de l'endroit.... tantôt enfin ils complimentent leur cuisinière de ce qu'elle s'applique avec tant de succès à mériter leurs éloges.... C'est ainsi que ces messieurs comprennent la nécessité de se rendre utiles à la nation ! S'ils mangeaient du moins leur avoir dans leurs orgies ! mais c'est la sueur de la France qu'ils dévorent. Ils volent à l'indigence laborieuse ce pain dont ils regorgent !!!

D. Parlons de la *colère ?*

R. La colère des prêtres a une queue dont vous n'atteindrez pas le bout. Une fois qu'ils ont montré les dents, ne venez pas embrasser leurs genoux ; ils vous rebuteraient inhumainement. Si le pardon ne put jamais voltiger sur leurs lèvres, comment l'accueillent-ils dans leur cœur !

Ce n'est pas à tort que le poète latin s'écriait sur les prêtres de son temps : ....*Tantæne animis cœlestibus iræ !* Le législateur du Parnasse français répète avec non moins de justesse : *Tant de fiel entre-t-il dans l'ame des dévots ?*

Le caractère irascible des prêtres est connu. Méfions-nous de leur ressentiment, et fermons l'oreille quand ils prêchent sur le *sicut et nos dimittimus debita nostra.*

D. Arrivons à la *paresse ?*

R. Il sied bien à des fainéants comme les prêtres de s'enquérir, en confession, de notre ardeur pour le travail. L'infortuné père de famille devra les informer de ses fatigues heure par heure, ou il sera privé de la communion.... Mais s'il leur était permis de se dessiller les yeux jusqu'à vouloir apprécier la nullité de leur existence eu égard aux secours mutuels que se doivent réciproquement les divers membres de la société, ils rougiraient de dépouiller cette société de sommes monstrueuses en

compensation desquelles ils n'offrent qu'une condamna-
ble oisiveté !

D. M'expliquerez-vous les *vertus théologales?* Qu'est-
ce que la *foi?*

R. La *foi* est ce grand réservoir où les prêtres plongent
tout ce qui est contraire au bon sens dans leur religion,
et à quoi vous devez cependant *croire,* ne vous déplaise,
sous peine des *flammes éternelles.* Qu'il est aimable
d'avoir ainsi un réduit pour écarter les raisonneurs. —
Cela vous répugne? — Sans doute. — Eh! bien, monsieur,
c'est un article de *foi.* — Mais !...... — Rien ; si vous
n'avez pas la *foi,* je n'ai rien à faire avec vous. — Mais !...
— Ah! serviteur. — Voilà la profondeur des arguments
sacerdotaux. Allez ensuite vous étonner de ce que les
églises deviennent des déserts.

D. Qu'est-ce que l'*espérance?*

R. Par *espérance* les prêtres entendent cette vertu qui
nous fait soupirer après un bonheur éternel. C'est le véhi-
cule de la religion. Si vous n'avez pas l'espérance, adieu
les messes de mort et autres, adieu les sacrements et tout
l'échafaudage des prêtres ; la religion n'est plus qu'un
fantôme. En effet, celui qui a l'espérance croit à l'*immortalité de l'ame,* et dès-lors le procès des prêtres est
gagné. Si cette *immortalité de l'ame* n'a pu s'emparer
de votre cœur, vous êtes au nombre des *impies,* et le
prêtre vous fuit. Cependant nous ne demandons au prêtre
que de nous convaincre sur cette *immortalité.* S'il n'a
pas des données capables de nous satisfaire, doit-il nous
blâmer? Eh ! quel serait celui des *impies* qui ne voudrait
pas de cette éternité de béatitudes ! Dussions-nous passer
la vie et des siècles dans des tortures, dans des fournaises

ardentes, que notre joie ne cesserait pas un instant de nous enivrer, si nous étions sûrs de l'existence de cette éternité glorieuse. Mais aspirer à un bonheur est un, et possibilité de l'obtenir est autre. Les prêtres vous insinueront que, dans le doute, il convient de continuer à leur allouer la somme de cent quatre-vingt-trois millions de francs annuellement, plus 5o millions de rente sur le milliard d'immeubles, et vous en rapporter à eux. Censurez-les de ce qu'ils visent à leurs intérêts. Au reste, soyez persuadé que les prêtres pensent comme l'*impie* à l'égard de cette éternité. Ils ne cachent leur conviction qu'afin de retirer les salaires attachés à leur état, tandis que l'*impie* a le courage de la produire pour diminuer le nombre des dupes.

D. Qu'est-ce que la *charité?*

R. Elle renferme deux grands préceptes : l'amour de Dieu et du prochain. L'homme porte-t-il donc en lui des principes si abrutis pour qu'on soit contraint de lui commander d'aimer son Créateur et son semblable ! Dieu n'a-t-il pas placé lui-même dans nos cœurs ce besoin de lui épancher notre ame, et de nous unir comme une famille dont il est le père ! Le prêtre seul a pu s'endurcir contre Dieu et le prochain. Lui seul ne consent à louer, à bénir Dieu, qu'on ne lui ait payé préalablement une somme..... Lui seul mesure la longueur de ses prières sur la quantité d'argent offert..... Votre ombre errera longtemps sur les rives du Styx, si vous ne présentez l'obole à ce sordide Caron...... Sa charité est cuirassée contre vos disgraces et vos maladies. Il promène la discorde depuis le toit de chaume jusqu'aux palais des rois. Triompher de tout ce qui peut lui nuire, n'importe par quelle voie, est sa devise. C'est ainsi que le prêtre comprend cette charité dont la chaire retentit..... C'est ainsi qu'il nous enseigne à nous aimer mutuellement, et à ne nous approcher de l'autel qu'après nous être réconciliés avec notre frère !

D. M'instruirez-vous sur les *quatre fins dernières ?*

R. Les *quatre fins dernières* composent ce domaine immense qui produit aux prêtres des revenus incalculables.

Le laboureur, direz-vous, arrache des entrailles de la terre ces aliments sans lesquels nous ne saurions conserver la vie dont Dieu nous a fait présent; l'artiste couvre nos nudités et nous procure des agréments; le négociant attire de la surface de l'univers ce qui peut contribuer à flatter notre existence; l'homme de lettres embellit notre imagination; le médecin veille à notre santé; le législateur met un frein aux désordres; l'homme d'état fait fleurir la nation; le guerrier meurt pour la patrie.... Mais quand vous vous appliquez à découvrir ce que le prêtre rapporte à la société, rien ne se présente à vos recherches, et vous vous demandez comment la société peut s'imposer de si rudes sacrifices à l'égard d'une partie de ses membres dont elle ne reçoit en retour que des ingratitudes perpétuelles !

Les prêtres vous répondront : « *Nous ne devons pas* » *nous occuper des choses d'ici-bas....* Nous sommes ex-» clusivement livrés aux affaires de l'autre monde. C'est » à la mort que vous jugerez de notre utilité. C'est aux » *quatre fins dernières* que nous vous prouverons *qui* » *nous sommes.* Eh le moyen d'aller au ciel ou en enfer » sans notre permission ! Eh vous regretteriez de nous

» abandonner annuellement la somme de cent quatre-
» vingt-trois millions, plus cinquante millions de rente sur
» le milliard d'immeubles, à nous qui avons le droit de
» vous envoyer impunément dans les flammes éternelles,
» ou au sein de délices dont les siècles ne traceront ja-
» mais la fin !!!... »

Vous l'entendez..... Revenez donc à vous : reconnais-
sez l'utilité du clergé, et combien il importe à une nation
de posséder au moins trente-neuf mille prêtres et quarante-un mille aspirants à la prêtrise.....

D. Quelles sont les deux premières de ces *quatre fins?*

R. *La mort* et *le jugement.* Dès que notre ame se
dégage du corps où elle était emprisonnée, elle vient, à
la requête des prêtres, prendre place à la sellette du tribunal suprême, où elle a le ciel à sa droite, et à sa gauche l'enfer. Incontinent elle présente un rapport illisible
pour elle, et que les prêtres lui ont remis. Sur ce rapport,
le tribunal rend un jugement sans appel, et aussitôt cette
ame s'enfonce dans les flammes éternelles, ou est reçue
dans le séjour des bienheureux.

D. Quelles sont les deux dernières ?

R. *Le ciel* et *l'enfer.* Nous voilà au dénouement. C'est
ici que vous allez cueillir cette palme qu'on vous promet
depuis votre naissance, vous tous qui avez prodigué l'argent aux prêtres pour vous en rendre dignes.... Ils sont
ici ces abîmes dont on vous menaçait depuis long-temps,
vous qui avez refusé de fléchir le genou devant les prêtres,
vous qui n'avez pas voulu, malgré leur dégoûtante impor-
tunité, priver vos enfants ou le pauvre des secours pécuniaires qu'ils cherchaient à s'approprier....

Prenez-y donc garde, vous qui n'avez pas cessé de vivre.

Il vous est loisible encore d'aller au ciel ou en enfer. Sachez qu'*il n'y a qu'une chose importante pour l'homme, celle de sauver son ame…. porrò unum est necessarium.* Hâtez-vous de vous convertir, car *la mort vient comme un voleur, venit mors sicut fur.*

D. Vous ne dites rien du *purgatoire?*

R. Les prêtres ont besoin du *purgatoire* pour se faire payer les messes des morts, les services funèbres, les indulgences, et pour acquérir les legs pies. Quelque édifiante que soit votre vie, ils vous préviennent qu'il faut absolument satisfaire à la justice de Dieu, en stationnant quelque temps au purgatoire, afin de vous y purger entièrement des moindres peccadilles, puisque *rien d'impur ne saurait entrer dans le ciel. Soyez saint comme moi je suis saint*, dit l'Ecriture. Ainsi donc, après avoir consenti à ce que les prêtres aient mangé la meilleure portion de votre avoir pendant que vous êtes sur la terre, vous devez nécessairement leur laisser des *souvenirs agréables* avant votre départ, afin qu'ils puissent bénir votre voyage et répandre au besoin quelques gouttes d'eau sur les flammes du purgatoire, si elles vous étaient par trop gênantes…

D. Quels moyens les prêtres indiquent-ils pour nous empêcher d'aller en enfer ou de stationner long-temps au purgatoire?

R. La *pénitence.* Ils la font consister principalement dans l'*abstinence* de certains aliments et dans les *jeûnes.*

D. Quand sommes-nous sujets à l'*abstinence?*

R. Les vendredis, les samedis, les quatre-temps et le carême, c'est-à-dire cent soixante-quinze jours dans le courant de l'année!…

D. Quand devons-nous *jeûner ?*

R. Les quatre-temps et le carême, non compris les jeûnes ordonnés en confession.

D. Pourriez-vous m'expliquer pourquoi les prêtres ont établi les jours de jeûne et d'abstinence ?

R. Les dimanches arrivant au bout de chaque sixième jour, les prêtres ont cru qu'il était bon de nous priver, deux jours d'avance, de tout mets trop nutritif, et de nous commander des aliments propres à abattre notre chair, dans l'intention d'affaiblir nos puissances intellectuelles, pour que le dimanche ils pussent se livrer à leurs exercices sans s'exposer à notre risée. Persuadés qu'il n'est pas de meilleur parti pour nous mener à une capitulation, ils nous prennent par la faim....

Quant aux fêtes qu'ils ont eu soin de semer avec abondance le long de l'année, comme si les dimanches ne revenaient pas assez vîte, les unes de ces fêtes sont plus solennelles que les autres. Celles qui ont le premier rang se font précéder de trois jours d'abstinence et de jeûne pour mieux nous meurtrir, afin que nous ne venions pas à l'église pour nous en moquer.

Enfin, la fête par excellence, la reine des fêtes, c'est la fête de Pâque. Les prêtres n'oublieront rien pour vous porter à la célébrer avec tout le recueillement possible. Mais quelles que soient leurs précautions, comment faire passer sous vos yeux toutes *les opérations de la semaine-sainte ?....* Ne craignez rien. Vous n'aurez pas envie d'en rire. Quarante jours à l'avance ils vous mettent au pain et à l'eau, vous accablent de jeûnes; et quand ils ont réduit votre corps au point de pouvoir à peine se tenir sur ses jambes, alors seulement se déroulent les *inconcevables* cérémonies!

D. Retirons-nous un grand avantage de ces fêtes et de ces dimanches ?

R. Ici on peut juger de notre aveuglement en faveur des prêtres. Toute une nation, pour leur plaire, consent à suspendre son industrie pendant soixante jours de l'an... Sur trente-deux millions de Français, supposons que la moitié seulement soit en état de gagner la somme de un franc cinquante centimes par jour. L'industrie française perdra vingt-quatre millions de francs chaque dimanche ou fête, et si nous multiplions cette somme par soixante, qui est le nombre des dimanches et des fêtes, nous aurons au produit une perte annuelle d'*un milliard quatre cent quarante millions de francs*..... Avec une partie de cet or, que de larmes ne pourrions-nous pas essuyer ! que d'établissements utiles couvriraient le sol de la France ! Mais non,.... il vaut mieux sacrifier aux prêtres. Restons soixante jours les bras croisés, de crainte que le soleil couchant ne nous donne assez le loisir de réparer nos forces jusqu'à son lever.... Passons deux mois à boire et à manger, sans autre souci.... Que nous manquions de quoi suffire à notre existence, que nos affaires aillent de Charybde en Scylla, qu'importe, pourvu que le prêtre jouisse de nous voir à ses pieds ! qu'importe, pourvu qu'il s'engraisse de son ascendant sur une nation qui ose se croire avancée dans les progrès humains !!!

D. Quel motif si puissant a donc pu autoriser les prêtres à paralyser l'industrie de toute une nation pendant soixante jours de l'année ?

R. L'intérêt. Ils nous ordonnent, sous peine d'une éternité de supplices, c'est-à-dire sous peine de *péché mortel*, d'assister à la *messe* les dimanches et les fêtes. A

la porte de l'église vous êtes arrêté.... Les mendiants
habitués ou espions du curé font un appel à votre bourse,
et sous peu le curé sera instruit de votre générosité. Entré
dans l'église, vous êtes arrêté de nouveau.... Otez de votre
bourse de quoi vous asseoir. Vous n'avez pas commencé
vos prières que le prêtre vous fait signe d'approcher pour
lui remettre votre offrande. Vous n'avez pas regagné votre
chaise que vous devez rouvrir votre bourse pour répondre
aux quêtes pour les *ames du purgatoire,* pour le *saint-
sacrement,* pour le *luminaire,* pour telle *chapelle,* pour
le *séminaire* et pour ces *pauvres de la paroisse* qui
seraient si riches s'ils recevaient tout ce qu'on leur envoie.
La poche allégie, vous n'êtes pas hors de l'église que les
vêpres vous rappellent. Autre assaut à soutenir. Votre
bourse est exploitée avec le même zèle.

D. Les dimanches et les fêtes, les prêtres ont coutume
de réunir les jeunes filles qui vont le plus à confesse. M'expliqueriez-vous le but de ces réunions ?

R. Les prêtres ne se contentent pas des satisfactions
qu'ils éprouvent à écouter les fréquentes confessions des
filles. A des époques fixes, ils assemblent toutes les péni-
tentes en un lieu *ad hoc.* Songez combien les dévotes ont
soin de se parer pour attirer à l'envi les regards et les
saintes caresses de ce père dont elles sont si jalouses. Laquelle sera digne la première de mériter des éloges bénins
sur sa toilette et son air pieux !... quel sera ce sein pri-
vilégié dont il blâmera si amicalement les boules gracieu-
ses!... quelle taille aura la préférence de tressaillir au tact
délicat et expressif de ses blanches mains !....

D. Assurément ces filles n'assistent jamais au bal?

R. Vous connaissez peu le prêtre. Vous voulez qu'il

permette à ces filles de participer aux délassements du bal?.... Mais si elles allaient au bal, elles ne tarderaient pas, soit par leurs charmes, soit par un je ne sais quoi, de captiver quelque mortel dont elles deviendraient promptement l'épouse. Alors le prêtre serait en souffrance. Celle qu'il adorait le plus lui aurait été enlevée... En vain son cœur mourant soupirerait après sa chère Eurydice.... Une distance effrayante le séparerait souvent de sa douce amie!... Oh, si les filles ne veulent pas mortifier le prêtre, elles n'iront jamais à ce bal se mêler avec ces garçons polis qui brûlent de satisfaire le besoin de leur ame, non *en se mariant de la main gauche,* mais en attachant pour toujours à leur côté celle qui a conquis leur amour.... Eh pensez-vous que les prêtres laissent entrevoir aux filles qu'elles ont tort de les suivre, attendu qu'ils sont privés de prendre femme, et qu'elles reculent très-certainement l'époque de leur hymen, en ne fréquentant que l'église !

D. Les prêtres ne peuvent prendre femme, dites-vous; que fait donc à côté d'eux, nuit et jour, cette femme qu'ils décorent du nom de *cuisinière,* de *servante,* de *nièce* ou de *sœur?* Si on leur a interdit une femme, entre les bras de laquelle ils auraient pu s'oublier jusqu'à négliger le service d'église, doit-on approuver qu'ils mangent nuit et jour de ce *fruit défendu?*

R. *Infandum, regina, jubes renovare dolorem....* Vous aussi vous jouerez sur *cette servante du curé,* cette servante pour le maintien de laquelle on ne cesse de les tourmenter..... Eh bien, par mon silence je veux vous montrer que je ne tiens pas à renouveler leur douleur. Que nuit et jour ils aient besoin de cette servante; qu'ils ne puissent se passer d'elle un instant, c'est une infâme calomnie... j'ai même la persuasion qu'ils *occupent la servante* le moins possible, pour adoucir son esclavage, et seulement quand ils ne peuvent la remplacer par des personnes *obligeantes.*

D. Revenons aux réunions des filles. Les prêtres allèguent sans doute quelque prétexte pour cultiver ces réunions, afin de ne rien donner à comprendre aux parents?

R. *Notre chair est si faible,* s'écrient-ils, que nous devons user de tous les moyens pour nous prémunir contre elle. *Le démon est si rusé,* qu'il nous fait voir le bien dans le mal, et nous entraîne à la perdition. A un âge si tendre, à l'époque de la vie où les passions électrisent notre corps, où notre sang bouillonnant nous consume de *désirs,* c'est alors que les filles ressentent la nécessité de *recourir* aux prêtres pour en recevoir *la nourriture évangélique... non solum in pane vivit homo.*

Dans ces réunions, qu'on enrichit du nom de confrérie ou de congrégation, les prêtres prétendent donc qu'ils s'appliquent à glisser de sages conseils aux filles pour les détourner du vice; qu'il n'y est question que d'instructions religieuses et d'autres exercices de piété; que si on a choisi les jours de dimanche ou de fête pour ces assemblées, c'est afin que les filles ne se produisent pas dans les amusements mondains.

D. N'y a-t-il pas d'autres réunions sous les auspices des prêtres ?

R. Ne jugeant pas la confession suffisante pour s'introduire dans les secrets de la paroisse, car *quelques-uns sont si pervertis qu'ils méprisent de se confesser,* les prêtres ont créé, outre les assemblées des filles, des *pénitents*

blancs, des *pénitents noirs,* des *pénitents bleus,* des *pénitents gris,* des *congrégations,* des *confréries,* des *so-
ciétés du rosaire,* etc. Les hommes et les femmes y sont
reçus.

Chaque affilié promet, *ad majorem Dei gloriam,* de
recueillir dans son quartier tout ce qui peut éveiller la
sollicitude du prêtre, et s'oblige à le transmettre fidèle-
ment lors de la prochaine réunion. — Tel persiste-t-il à
ne pas venir à la messe ? Tel m'en veut-il toujours ? quels
ont été ses propos ? Qu'avez-vous appris des athées, des
matérialistes, enfin des ennemis de la religion ? Telle
affaire viendra-t-elle à réussite ? Ne pourrait-on pas s'y
opposer ? Quels seraient les moyens ? Cette fille a-t-elle
des intrigues ? Serait-il vrai que telle fût...... ? Tel se
marie-t-il ? Qu'y a-t-il à redire sur le futur et la future ?
Cette dame fait-elle toujours parler d'elle ? Dans cette
maison y a-t-il toujours mauvais ménage ? — Quand les
membres ont répondu tour-à-tour à ces demandes, il fait
une allocution conforme à la situation des temps. On ter-
mine la séance en entonnant des cantiques.

D. Ce sont donc des mouchards que ces confrères ?

R. Il serait difficile à un commissaire de police de fa-
çonner des espions aussi adroits.

D. Quels sont ces hommes assez vils pour remplir de
si dégoûtantes fonctions ?

R. Ne vous emportez pas. Moi je n'appelle pas *vils*
des hommes dont le peu d'instruction ou d'usage a été
victime d'une supercherie. Persuadez-vous que ces confrères croient servir Dieu quand ils ne servent que le
prêtre. Ce sont des automates, ou, si vous voulez, des
machines qu'on fait agir à volonté. Ainsi, au sujet de

l'échafaud, ce ne sera pas le tranchant qui vous sou-
lèvera d'horreur....., mais la main qui le fait mouvoir.

D'ailleurs les prêtres ont besoin de ces gens, la plupart de tristes artisans, pour montrer que la religion
brille encore de tout son éclat. Ce sont ces confrères,
en habit de cérémonie ou en laïques, qui composent les
processions ou l'auditoire, et qui sont toujours prêts à
porter les gros cierges et le dais. Aux fêtes marquantes,
tout ça va à la sainte-table, et le public de s'édifier!....
Toutefois ces confrères ne travaillent pas pour rien. Peut-
être ont-ils une part aux quêtes qui se font pour les *pauvres de la paroisse!* Peut être le prêtre leur laisse-t-il
une fraction des sommes qui lui sont confiées pour les
aumônes!

D. On priverait le pauvre de l'argent qui lui est dû?
Il y aurait dilapidation!

R. S'il est des occasions où les bienséances forcent le
prêtre à ne pas refuser quelques liards au réellement
pauvre, il a soin de sonner de la trompette pour que
toute la paroisse sache qu'il est *un saint prêtre,* et qu'il
se dépouille pour les malheureux. La simplicité des pa-
roissiens va jusqu'à croire que le prêtre jette son argent,
tandis qu'il ne restitue qu'une faible partie des sommes
dont *les ames charitables* remplissent sa bourse pour secourir l'indigence.

D. Est-ce que les ames charitables ne pourraient pas
faire l'aumône directement sans emprunter l'intermé-
diaire du prêtre?

R. Sans doute; mais elles ne sont pas fâchées de faire
savoir au prêtre qu'elles sont charitables.

D. N'est-il pas dit dans l'Evangile que la main gauche doit ignorer ce que fait la main droite ?

R. C'est excellent : mais l'amour-propre avant tout, et pour vous encourager à lui céder votre argent, le prêtre vous observera qu'il peut le placer selon les vues de la providence, attendu qu'il connaît parfaitement les bons et les mauvais pauvres de la paroisse.

D. Il me semble que vous m'avez dit qu'il n'y avait que la classe ignorante qui allait à l'église, et maintenant vous ajoutez que des *ames charitables* portent de l'argent aux prêtres pour faire des aumônes. Ces ames-là ne me paraissent pas appartenir à la classe ignorante ?

R. Je vous ai communiqué aussi que l'éducation des riches, avant 1789, était trempée dans la doctrine sacerdotale, et qu'aujourd'hui même les demoiselles, quelque extraardinaire que soit leur fortune, sont élevées par des dames *adonnées aux prêtres*. Ces ames charitables peuvent donc avoir de l'or, mais elles ne pourraient se concilier le titre de personnes instruites, car L'INSTRUCTION QUI NOUS VIENT DES PRÊTRES ÉMOUSSE L'ESPRIT ET NOUS AVEUGLE AU LIEU DE NOUS ÉCLAIRER. Il ne sera pas non plus hors de propos de vous représenter que les marquis, les comtes, les barons, les gens nobles en un mot qui connaissent quelquefois ce qu'est le prêtre, ne peuvent trop cependant se résigner à se passer de lui pour engager le paysan à soigner leur bien et à les saluer avec toute la révérence due à leur rang.

D. Le prêtre est donc l'instrument dont les riches se servent pour faire aimer aux paysans leur servitude ?

R. Précisément, et ils s'acquittent de cette charge de manière à ne pas démériter des bonnes grâces des riches, qui en récompense les admettent quotidiennement à leur table.

D. Quels moyens emploient les prêtres pour courber ainsi le paysan à la servitude ? Le paysan aujourd'hui ne me paraît pas trop maniable !.....

R. Dans la confession, ils effrayent le paysan en le menaçant des flammes de l'enfer s'il ne travaille sans relâche à faire pénitence, et ils lui promettent les douceurs de l'éternité, si, sensible à leurs remontrances, il suit ce qui lui est commandé. Outre la confession, ils montent en chaire pour ajouter à leurs paroles les avantages de *l'action*, afin de ramener l'auditoire à une persuasion plus ferme à l'égard de ce qu'ils ont répandu dans le confessionnal.

D. Ils ont donc de l'éloquence ces prêtres-là ?

R. Hélas ! leur éloquence fait suer sang et eau... Mais pour convertir des ignorants, faut-il tant de talents oratoires ? Lors de l'Avent et du Carême, ils fouillent dans plusieurs départements pour découvrir quelque prédicateur qui veuille les remplacer. Ce dernier se prévaut de sa position, et vend cher son galimathias.

D. Dans les sermons les prêtres y mêlent du *latin*. Ils officient aussi en *latin*. Pourquoi tant de *latin* avec des gens qui ne le comprennent pas ? Si ce qu'ils disent est digne des assistants, pourquoi ne pas le dire en français ? On s'en pénètrerait mieux, et la dévotion ne pourrait qu'y gagner !

R. La *bizarrerie*, le *ridicule*, et quelquefois l'*indécence* des mots dont ils font usage dans les exercices religieux, choquent amèrement les prêtres quand ils en sentent la valeur, et ils sont loin de vouloir permettre que les assistants puissent les apprécier.

D. Dans les exercices religieux les prêtres chantent à

gorge déployée. Pourquoi ces vociférations, ces hurlements ? Est-ce que Dieu n'entre pas au fond du cœur pour qu'on soit dans la nécessité de l'appeler par des brouhaha ?

R. Ils usent de ces chants mélodieux pour attirer le peuple à l'église. Les directeurs d'un théâtre ne sont pas plus jaloux de capter la bienveillance du public. Qu'il est curieux de contempler ces chantres s'armant de toute la circonférence de leur bouche pour saisir des notes rebelles. Que de grimaces, que de contorsions dans ce lutrin discordant. L'orgue, le serpent, le violon se joignent à leur voix glapissante....... Le charivari est complet ! ! !

D. Me peindriez-vous l'utilité de ces images dorées, de ces vases d'or et d'argent dont les prêtres ornent les églises ?

R. C'est encore pour en imposer aux assistants. Le malheureux surtout, qui n'a chez lui que des haillons, est tout ébahi à l'aspect de l'intérieur de l'église. Il éprouve une certaine émotion en pénétrant dans une demeure d'objets si rares.... Le prêtre profite de cette stupidité pour prendre certaine gravité dans les cérémonies afin de mieux jouer son rôle.

D. Pourquoi les prêtres sont-ils revêtus, dans leurs exercices, d'habits galonnés, couverts de fleurs, et d'une coupure si singulière ?

D. Ils revêtent ces costumes pour indiquer la *supériorité* de leurs fonctions....., et si vous ne gardez pas tout votre sérieux à la vue de ces gens ainsi affublés, si vous ne contenez pas des éclats de rire, des bedeaux, des suisses sont là qui vous mènent à la porte.

D. Pour annoncer l'heure des exercices, ont-ils besoin
de tant sonner les cloches? De l'aurore à la nuit, impos-
sible de reposer !

R. Avec une centaine de francs qu'ils donnent, non
de leur argent, au carillonneur, ils lui font agiter toute
l'année cet airain importun, persuadés que le peuple ne
peut manquer d'avoir bonne opinion d'eux, les croyant
sans cesse à leur ouvrage. D'ailleurs, cette sonnerie con-
tinuelle contribue infiniment à conserver les souvenirs
d'église ou à tenir la dévotion en haleine, et l'impression
que produit sur nos nerfs le bruit assommant de ces cloches mortelles, est voisine de cette stupeur que les prêtres
aiment tant à lire en nous.

D. Vous dites que les prêtres ne sont pas fâchés de
faire croire par cette éternelle sonnerie combien ils sont
opiniâtres à *prier*. Vous paraîtriez révoquer en doute leur
amour pour le service divin?

R. La semaine entière, le prêtre n'est occupé qu'à
s'amuser. Il a table ouverte chez les nobles. On se le dis-
pute..... Il n'accorde pas la préférence à celui dont les
mets sont moins succulents et les vins moins recherchés.
Il visite souvent les familles où commence à grandir quelque jeune beauté. Il fait cas également des maisons où
l'on se livre au jeu innocent des cartes et du billard.

D. Eh! le *bréviaire*, quand diable le récitent-ils?

R. Le bréviaire!!! vous n'y songez pas. Est-ce qu'un
prêtre parle plus de bréviaire aujourd'hui. *Il est mort et
enterré*, dit la chanson. Le bréviaire... quoi! des prêtres
témoigneraient à Dieu leur reconnaissance pour les faveurs
dont la société les accable, sans qu'ils rapportent en retour le moindre avantage à cette société... Eux remercier

Dieu!.... Ils rient ironiquement de ce qu'ils daignent s'abaisser jusqu'à recevoir des salaires si onéreux à la nation !!!

D. Si le prêtre ne court qu'après les plaisirs, il n'en est pas de même des *religieux* et des *religieuses,* car vous ne pouvez disconvenir qu'ils sont, tout le jour, aux pieds des autels dans un profond recueillement ?

R. Vous voilà dans les *couvents.* Les choses changent. Les couvents, quel que soit le sexe qu'ils renferment, se composent de personnes réellement occupées à méditer et à chanter des passages d'un petit nombre de livres qu'on leur met entre les mains.

D. D'où vient l'origine des couvents ?

R. Les prêtres étant d'un naturel peu dévot, parce qu'il n'est pas donné à l'homme d'aimer ce qu'il n'estime pas, s'est ménagé ces couvents afin de suppléer au défaut de sa dévotion par la piété plus ou moins sincère de quelques *esprits faibles* qu'il est parvenu à faire traiter aux frais de la société comme si son fardeau n'était pas assez lourd. Dans ces couvents, le supérieur seul a reçu l'éducation commune des séminaires.

D. Quelle est donc cette classe de personnes qui se font *religieuses ?*

En fait d'hommes, ce n'est qu'un amas d'individus recueillis çà et là, qui, trouvant dans les couvents *un manger copieux,* sans autre fatigue que d'endosser un habit de caricature et de garder le silence, ont fini par devenir des religieux tels que les veulent les prêtres.

Quant aux filles, toutes ne tombent pas des nues... Vingt mille sont cloîtrées, et trente mille, sous prétexte de se rendre utiles dans les hôpitaux ou dans d'autres établissements de charité, enlèvent adroitement à la France neuf millions par an pour appointements fixes, non compris les sables d'or que roule dans leur ravissante demeure un pactole enchanteur. Certaines de ces filles appartiennent à des familles opulentes. Comme je vous l'ai exposé, des dames *entièrement dévouées aux prêtres* sont à la tête des couvents. Ces dames-là, quand elles ont en leur pouvoir des demoiselles riches, ne cessent de leur inspirer l'envie de se faire *religieuses*. L'arrière-pensée des dames est de munir le couvent de la dot qui attendait leur élève pour le jour de ses noces. Il en est qui mordent à l'hameçon.... Mais elles ne tardent pas à se repentir de leur vœu indiscret, et si *quelques-unes* meurent *vierges*, c'est souvent malgré elles. Au reste, les prêtres ont soin de jeter quelques fleurs sur leur solitude, s'il faut en croire les *contes* de Lafontaine.....

D. Pourquoi appeler *esprits faibles* les religieux et les religieuses?

R. Eh ! quel nom convient mieux à celui qui ne sait pas distinguer le bien du mal ! Dois-je aimer éperdument ou haïr sans bornes un objet quelconque, parce qu'on m'a commandé cet amour ou cette haine?

Si je m'applique à montrer par mon extérieur une piété que mon cœur rejette, il y a de l'*hypocrisie*, et l'hypocrisie est des prêtres. Si on a rempli mon cœur d'une piété où je trouve des charmes, et que je ne puise la nécessité de cette dévotion que dans ces mots, *les prêtres me l'ordonnent*, il y a de la *faiblesse d'esprit*, et c'est le lot des couvents.

D. Selon vous, les martyrs ont donc aussi été des mortels *faibles*?

R. *Plus faibles* que les religieux et les religieuses d'aujourd'hui, car il pourrait arriver que l'influence des prêtres trébuchât maintenant à la porte des couvents s'il fallait en extraire quelque moine afin de l'exhorter à perdre de suite en faveur de la religion une vie passagère, pour aller se couvrir de *ces lauriers immortels* que lui offrent du haut des cieux des milliers d'*anges*, d'*archanges*, de *chérubins* et de *séraphins*, tout éclatants des rayons de la divinité....

D. Ce sont donc les prêtres qui ont porté les *martyrs* à mourir pour les intérêts de la religion?

R. N'en doutez nullement. Un roi envoie des armées pour faire prévaloir sa politique.... eh le clergé, qui pense être si supérieur à la cour, s'opposerait à ce que ses prosélytes affrontent des supplices pour la gloire de leur religion!.... S'il se rencontre des *ames tièdes*, les prêtres s'empressent de les réchauffer en les apitoyant sur le mépris où sont tombés les autels, et en leur insinuant combien ils doivent se réjouir de verser leur sang pour les relever de cette boue humiliante.... Comment résister à leur impulsion.... Le trépas le plus cruel devient trop mielleux!

D. Les prêtres se sont-ils souvent livrés eux-mêmes à la mort pour défendre les autels?

R. Si les prêtres sont à la religion ce que la tête est au corps, vous ne consentiriez pas, par compassion pour les membres, à ce que la tête se détachât du corps.... Il y a, *dans cette retenue* de leur part, un dévoûment inappréciable !!!

D. Si les prêtres étaient tout ce que vous dites, personne ne voudrait les voir. Cependant leur clientelle n'a rien à désirer !

R. Les partisans du prêtre sont : 1°. les nobles qui se servent de lui pour conserver leur suprématie sur les paysans; 2°. ses parents qui n'ont pas trop à se louer de sa gratitude; 3°. les proches des membres des corporations religieuses; 4°. la gent qui, fournissant au contingent des séminaires, ne les flatte que dans la crainte de s'attirer leur malveillance; 5°. les affiliés des confréries; 6°. *ce qui vit d'église;* 7°. enfin, la classe pauvre ou ignorante, qui honore de son admiration tout ce qui l'étonne. Si le prêtre s'enorgueillit de ces divers prosélytes, il est à plaindre....

D. Cependant il y a de bons et de mauvais prêtres. Quels sont ces bons et ces mauvais prêtres ?

R. D'après le clergé, on a coutume d'appeler mauvais prêtre celui qui, dans le cours de sa vie irrégulière, n'a pas été assez prudent pour éviter quelques alarmes dont le public a fait justice; et le bon prêtre est celui qui ne laisse jamais transpirer de ces incartades qui mettent toute une paroisse en émoi !........

Telles sont les hautes qualités qui distinguent ces messieurs à robe noire..... Encourageons le Gouvernement à protéger des gens si utiles à la nation pour dévorer annuellement trente-trois millions cent soixante-deux mille francs dans le budget, et cent cinquante millions dans la bourse des catholiques de France..... Abandonnons-leur un milliard d'immeubles qui nous produiraient cinquante millions de rente annuelle....

Ne nous arrêtons pas là. S'il est interdit aux prêtres de jouir des faveurs de l'hymen, offrons de magnifiques établissements à cinquante mille religieuses cloîtrées, ou ambulantes. Les prêtres accorderont à ces dames de fréquentes visites et passeront près d'elles des moments *heu-reux*. Au cas où les religieuses ambulantes, qu'on embellit du nom de *sœurs de charité*, ne trouveraient pas une existence dans ce tas d'aumônes dont on les écrase de toute part, consentons-leur un traitement annuel de neuf millions! Ainsi régalées, ces dames parleront pieusement des prêtres et de leur religion......

Qu'aucun sacrifice ne nous soit amer. Si le prêtre rugit de voir l'instruction s'approcher de toutes les classes; si malgré son triomphe à empêcher encore d'apprendre à *lire* et à *écrire* quatorze millions sept cent soixante-six mille deux cent soixante-dix enfants de la France au-dessus de l'âge de sept ans, il ne peut opposer une digue assez ferme aux débordements de l'enseignement primaire; si toutefois il veut absolument courber sous son joug la frêle éducation de ces enfants que le siècle s'efforce à dégager des filets de l'ignorance, payons-lui quinze mille frères ignorantins et sœurs de charité qui coûteront par an la minime somme de six millions six cent mille francs, et ayons soin de procurer un local superbe aux exécuteurs d'un si déplorable mandat......

Enfin, pour rendre la source des prêtres intarissable, créons de nombreux et vastes séminaires, et envoyons de l'or en abondance à ces *aspirants* dont la plupart se présentent sans soutane, sans tricorne, et quelques-uns sans.......... chemises !!!!!!!!!

Bordeaux : Imprimerie de Ch. Lawalle neveu, allées de Tourny, n°. 20.